TEMAS DE PSICANÁLISE · 5

Priscilla Roth

O SUPEREU

Tradução de
Miguel Serras Pereira

ALMEDINA

O Supereu

Autor
Priscilla Roth

Título original
The Superego

Tradução
Miguel Serras Pereira

Coordenação da colecção
Ivan Ward

Edição
Almedina
www.almedina.net
editora@almedina.net

Design
FBA.
info@fba.pt

Impressão e acabamento
GC.Gráfica de Coimbra, Lda.
producao@graficadecoimbra.pt

ISBN 972-40-1655-2
Depósito legal: 180084/02
Março de 2002

© 2001, Priscilla Roth
Publicado em Inglaterra por Icon Books Ltd.,
Grange Road, Duxford, Cambridge CB2 4QF.

Toda a reprodução desta obra, por fotocópia ou outro qualquer processo, sem prévia autorização
escrita do Editor, é ilícita e passível de procedimento judicial contra o infractor.

Introdução

Toda a gente tem um supereu*. Mas nem toda a gente lhe chama supereu. Algumas pessoas chamam-lhe consciência, ou ainda consciência de culpa; algumas outras, moral. Mas, seja como for que se lhe chame, o supereu é qualquer coisa que toda a gente tem. O nosso supereu é sobretudo reconhecível (embora, como veremos, não se limite a isso) como essa voz que, dentro das nossas

---

* É deliberadamente que se traduz ao longo deste texto *Superego* por "supereu" e não por "superego". Acontece, com efeito – como demonstrou, entre outros, B. Bettelheim – que a tradução proposta pela *Standard Edition* do *corpus* freudiano, "medicaliza" ou "tecniciza" sistematicamente o vocabulário de Freud, recorrendo nomeadamente a neologismos extraídos do latim e/ou do grego para verter termos recuperados ou compostos por Freud a partir da linguagem corrente: tal é, precisamente, o caso da tradução do *Ich* ou do *Es* alemães pelos termos latinos *Ego* e *Id,* tendo por consequência, entre outros aspectos, a introdução do termo *Superego.* Não se vê, portanto, razão para repetir, no léxico da psicanálise em língua portuguesa, a distorção operada pela *Standard Edition,* apesar da influência que esta última, sobretudo através das traduções brasileiras que importam as soluções de Strachey, tem exercido entre nós. *(N. do T.).*

6 | O SUPEREU

cabeças, não quer deixar-nos fazer uma coisa mal feita (ilegal, imoral, desagradável) ainda que ninguém mais possa saber que a fazemos. E que nos pune interiormente quando sucumbimos à tentação e fazemos alguma coisa que sabíamos não dever ter feito... ou, por vezes, até mesmo sem termos chegado a fazê-la.

Podemos pensar no supereu como sendo a nossa "consciência", mas, na concepção de Freud, ele não é exactamente a mesma coisa que uma consciência, embora partilhe com esta última múltiplas qualidades e características semelhantes. Uma das maiores diferenças entre a muito antiga ideia de "consciência" e a sua extensão psicanalítica chamada "supereu" é que a concepção deste último reconhece que há muitas vezes pouca relação entre aquilo que uma pessoa conscientemente pensa ser permitido e aquilo que o supereu realmente lhe permite fazer. Ou, por outras palavras: por vezes podemos sentir-nos extremamente culpados, ou experimentar um vago sentimento de maldade, sem termos uma noção clara do que fizemos para nos sentirmos culpados ou maus. Por exemplo, as pessoas podem sentir-se ansiosas quando os guardas alfandegários no aeroporto as interrogam, ou quando um polícia as aborda durante uma operação de controlo de rotina, embora não consigam descobrir nada de realmente ilegal naquilo que fizeram.

Para tornar as coisas ainda mais complicadas, por vezes o nosso supereu fala dentro de nós directa e claramente: "Começa a trabalhar AGORA; já adiaste por tempo que chegue o que tens para fazer!", ou: "NÃO comas outro chocolate!", ou: "Se deixares a louça por lavar em cima da mesa, vais ter de tratar dela quando chegares a casa, por isso levanta a mesa antes de saíres!" O tom por vezes torna-se mais punitivo: "És uma pessoa desagradável, horrível, por tratares a tua irmã dessa maneira; só uma pessoa REALMENTE desagradável e horrível trata dessa maneira a irmã." E, noutros casos, extremamente punitivo: "És uma pessoa inconcebivelmente horrorosa. Não mereces o amor nem a amizade de ninguém. Tudo o que mereces é a tua desgraça." Tudo isto são exemplos do modo como o supereu pode, dentro de nós, dar-nos as suas ordens e atacar-nos.

Por outro lado, é com frequência demasiado doloroso termos uma voz assim dentro de nós, pelo que arranjamos maneira de a atribuirmos a outras pessoas: "A minha irmã odeia-me por eu ser às vezes um bocadinho desagradável para ela – é uma pessoa ultra-sensível e realmente fria que acaba sempre por me fazer sentir mal." "O meu chefe está sempre a acusar-me de chegar tarde." "Sei que essas pessoas pensam que estou a engordar e meto nojo quando me vêem comer chocolates." E frequentemente o nosso superego dirige-nos, ou proíbe-nos de fazer coisas, sem que nós cheguemos a ter consciência desse processo; temos quando muito consciência de qualquer coisa de inexplicável a acontecer dentro de nós: "Não sei porquê, mas não estou a gostar da ideia de ir a essa festa"; "Não sei... não consigo descontrair-me antes de acabar o trabalho de casa"; "Sinto-me completamente feliz por ser um peixinho pequeno num aquariozinho pequeno; as grandes ambições não são para mim!" Em tais ocasiões, o nosso supereu é invisível, ou inaudível, ou – como a psicanálise diria – *inconsciente*. Não sabemos que nos está a afectar, mas exerce de facto um poderoso efeito sobre os nossos sentimentos, os nossos desejos e o nosso comportamento.

Neste ensaio, exponho o que entende a psicanálise por "supereu" e porque é que o supereu é um conceito importante e útil. Para mostrar o lugar que ocupa na teoria psicanalítica, começarei por me referir aos dos modelos de funcionamento mental construídos por Freud. Depois levanto a seguinte questão: "Será o supereu necessário?" (Por que teremos de ter um supereu? Não estaríamos melhor se o não tivéssemos?) Continuo descrevendo os aspectos a que já aludi: o modo como funciona e se faz sentir o supereu; o modo como a sua voz interior nos diz o que devemos e não devemos fazer, e o modo como pode ser projectado no exterior, levando-

-nos a ter a impressão de que as outras pessoas nos estão a criticar e a julgar; ou ainda o modo como o podemos virá-lo contra os outros, fazendo-o julgar as outras pessoas a fim de nos protegermos da sua severidade. E ponho uma nova questão: "Que indícios assinalam o funcionamento inconsciente do supereu?"

Concluo com uma elucidação das origens do supereu – dos factos ocorridos na infância que legam a cada um de nós uma instância que nos julga e critica – e tento explorar algumas das diferentes concepções que diferentes psicanalistas sustentam acerca destas origens.

O lugar do supereu na teoria psicanalítica

O supereu é uma dos elementos que integram a segunda e última teoria do funcionamento mental proposta por Freud. A primeira teoria de Freud é um "modelo topográfico", e divide a actividade mental em duas áreas: uma área Consciente/Pré-Consciente, que contém todos os pensamentos e sentimentos de que temos já consciência ou que podem facilmente tornar-se conscientes; e, metaforicamente abaixo desta, uma área Inconsciente muito mais vasta, cheia de impulsos e tendências dos quais não podemos ter directamente consciência. Estas tendências e impulsos são considerados inatos e instintivos, movidos pela busca de uma satisfação imediata – a fome, a sede, a satisfação sexual. Muitas vezes entram em conflito com as diferentes formas de comportamento socialmente aprovadas e transmitidas, o que tem por efeito a fricção existente entre as duas áreas em causa da mente: quer dizer, entre a pressão do Inconsciente em busca da satisfação das suas pulsões, por um lado, e, por outro, a parte da mente consciente, racional e socializada que contém uma instância crítica que proíbe a satisfação desses desejos. Não podemos obser-

12 | O SUPEREU

var directamente os desejos inconscientes, mas podemos observar como actuam sobre a instância crítica e se manifestam de modo indirecrto no nosso comportamento: os nossos "lapsos", os nossos ditos de espírito, os nossos sonhos e, num registo mais perturbante, os nossos sintomas neuróticos.

O modelo topográfico, em que existe um conflito entre a Consciência (que inclui os pensamentos e desejos que não são actualmente conscientes, mas que se podem tornar conscientes no momento em que a nossa atenção se volte para eles – constituindo a área a que Freud chamou o "Pré-Consciente") e o Inconsciente, foi muito útil ao estimular a nossa atenção e as nossas investigações, orientando-as para essa vasta área da nossa actividade mental que influencia em profundidade os nossos comportamentos e pensamentos, mas da qual não temos habitualmente consciência.

Há uma dupla ordem de problemas no que se refere ao modelo topográfico: em primeiro lugar, considerava que a instância crítica – essa parte da mente que decide do que podemos ou não ter consciência – fazia parte da área consciente actividade mental. Era, por isso, considerada racional e oposta aos desejos e exigências pulsionais. Mas Freud e os seus seguidores em breve compreenderam que os seus pacientes muitas vezes pareciam ter uma instância crítica *inconsciente* – não sabiam que estavam a ser criticados ou punidos interiormente, embora mostrassem sofrer de uma maneira que indicava que assim era. Na realidade, Freud foi sendo levado a pensar que os pacientes que o procuravam eram muitas vezes portadores de uma necessidade inconsciente de castigo. Por exemplo, certos pacientes pareciam sentir um profundo mal-estar quando começavam a desembaraçar-se dos seus sintomas dolorosos, como se sentissem culpabilizados pelo facto de se sentirem bem, pelo que, de um modo insólito, se sentiam melhor quando sofriam.

Em segundo lugar, o modelo topográfico considerava que as defesas mantidas pelo indivíduo contra a emergência de desejos inconscientes eram, elas próprias, conscientes; ou seja, que, por definição, aquilo que se opunha aos impulsos inconscientes fazia parte do sistema Consciente/Pré-Consciente. Mas, também a este propósito, começava a ser claro que numerosas defesas mantidas contra os impulsos inconscientes eram também inconscientes, e que a área do funcionamento mental que poderia ser descrita como inconsciente continha muito mais que certos impulsos meramente biológicos e desejos infantis. Foi em grande medida para enfrentar teoricamente estes problemas que Freud elaborou a pouco e pouco o seu segundo e último modelo do funcionamento mental, a "teoria estrutural", que continua

14 | O SUPEREU

a levar em conta a divisão entre consciente/inconsciente, mas sem se limitar a ela [1].

O modelo estrutural figura uma vida mental tripartida: o *isso*, o *eu* e o *supereu*. No isso, Freud localizou todos os instintos e pulsões que nascem connosco: os nossos impulsos sexuais e agressivos, bem como os instintos inatos ligados às nossas necessidades de alimento, de água, de calor e assim por diante. Estas exigências biológicas são em larga medida inconscientes e não levam em conta a realidade. Entram muitas vezes em conflito com as exigências que a sociedade nos faz: se fôssemos na totalidade e apenas o "isso", a nossa existência no mundo seria problemática. A segunda parte da nossa constituição mental, o eu, começa a desenvolver-se a partir do isso ao longo dos primeiros dias, depois semanas e meses, que se seguem ao nascimento, à medida que a criança lentamente começa a perceber o mundo exterior e a adaptar-se a ele: a aprender como pode, por exemplo, chamar a atenção da mãe, ou a lembrar que, quando vê a mãe, isso habitualmente signfica que vai ser confortada. Esta parte do aparelho mental, cada vez mais racional, organizada e sintonizada com o mundo, a que chamamos o eu, comporta a capacidade de pensarmos racionalmente, de prevermos e de recordarmos. Mas existe ainda o supereu, que frequentemente interfere no funcionamento do eu. O supereu é a terceira parte do sistema tripartido a que nos referimos. Desenvolve-se a partir do eu à medida que a criança pequena incorpora as regras dos seus pais e da sociedade, como veremos, e torna-se uma poderosa força de pleno direito na existência mental do indivíduo. O seu poder resulta da sua capacidade de gerar a culpabilidade e os maus sentimentos que se associam a esta, e pode ditar assim o modo como nos comportamos e até mesmo os nossos pensamentos. Embora o supereu possa ajudar o indivíduo a observar as regras e leis fundamentais da sociedade em que vive, pode também revelar-se a parte ao mesmo tempo mais poderosa e mais destrutiva da sua personalidade.

Para que serve o supereu se só nos faz sentir mal?

Podemos abordar este problema começando por levantar algumas outras questões. O que torna possível o comportamento civilizado? Por que é que a maioria das pessoas se conforma com a lei? Por que infringem a lei algumas outras pessoas? E por que não infringimos nós, na maioria dos casos, a lei ainda quando infringi-la parece poder ser vantajoso para nós ao mesmo tempo que temos a certeza de não poder ser supreendidos em falta?

Perante estas questões, a maior parte de nós, como já disse, procurará encontrar as respostas numa certa noção de consciência – por exemplo, sentiríamos má consciência se infringíssemos a lei. O que Freud entendia por consciência não deve ser confundido com um simples código moral racional; a consciência, dizia Freud, está intimamente ligada a um sentimento de culpa. O respeito que sentimos perante as relações sociais, a lei e a ordem estabelecida, não nos é simplesmente imposto pela sociedade em que vivemos, mas provém de uma exigência cuja origem data da infância desde as primeiras fases da existência: trata-se da exigência de obedecer, de honrar e de manter a ordem da sociedade em que vivemos. O facto de muita gente não corresponder a esta descrição – os criminosos, por exemplo, e, em termos muito diferentes, os revolucionários que querem transformar a ordem social – não invalida o seu pressuposto de base. Pelo contrário, reforça a sugestão daquilo que a psicanálise uma e outra vez indicou: que o nosso desejo de ordem se desenvolve em relação e em luta permanente com outros desejos mais destrutivos e também mais criativos. O conflito é a nossa natureza própria: o conflito entre o desejo de preservar e manter e o desejo de destruir e de afastar; o conflito entre o desejo de continuarmos a ser os mesmos e o desejo de mudarmos e crescermos; o conflito entre os nossos impulsos de amor mais preciosos e os nossos impulsos mais intensamente destrutivos. A estrutura mental que controla e modera estes conflitos é aquilo a que os psicanalistas chamam o supereu.

O reconhecimento do facto de a consciência estar intimamente ligada a um sentimento de culpa é de uma importância fundamental. A culpa, aqui, não significa a mesma coisa que a culpa aos olhos da lei, como quando se diz de alguém que é "culpado do crime". Estamos a falar de culpa num sentido mais pessoal, de uma pessoa que se *sente* culpada. E, como todos sabemos, não é evidentemente a mesma coisa a culpabilidade que sentimos e o facto de sermos culpados aos olhos de outrem. Há indivíduos que são culpados de um crime e não sentem culpabilidade. Há outras pessoas que se sentem culpabilizadas quando não são de facto culpadas de coisa alguma. Neste último caso, o sujeito pode não fazer a mais pequena ideia acerca daquilo que o faz sentir-se tão culpabilizado, uma vez que os motivos do seu sentimento de culpa estão fora do alcance da sua vida mental consciente. O sentimento de culpa é, no melhor dos casos, um sentimento muito desagradável. Por vezes é bem mais e pior que isso, quando ouvimos uma voz interior que incessantemente nos critica e castiga, invadindo os nossos pensamentos, ao mesmo tempo que toda a nossa existência passa a ser dominada pela culpabilidade. Em tais ocasiões somos forçados a fazer alguma coisa que alivie ou ponha de lado esses sentimentos dolorosos: tentamos fazer melhor as coisas, reparar os estragos ou começar a acusar outras pessoas. À medida que a situação se agrava, quando a culpabilidade atinge graus extremos e extrema severidade, torna-se literalmente intolerável. Poderá levar o sujeito a procurar uma punição terrível às suas próprias mãos ou a atacar com uma ferocidade extraordinária os outros, incriminados em seu lugar. Em última análise, a culpabilidade pode desembocar assim no suicídio.

Talvez agora possamos começar a responder às questões que levantámos no início desta secção: de um modo geral, as pessoas comportam-se de maneira civilizada, não infingem a lei, mantêm a ordem social, porque teriam sentimentos de culpa caso se conduzissem de maneira diferente.

Freud sustentou que a civilização – o que, para ele, significava a organização cultural e social – se desenvolvera, e se tornara possível mantê-la, devido ao facto de os seres humanos conhecerem durante a sua infância precoce e os primeiros anos de vida certas experiências que implantam no interior de cada indivíduo a tendência para sentirem culpados quando transgrediam as leis, correspondendo essas experiências à génese da instância crítica a que chamamos supereu. Abordarei adiante este processo. De momento, contudo, é importante sabermos que, numa fase muito precoce da vida, as crianças pequenas começam a interiorizar as proibições emanadas dos pais e a identificar-se com elas. O seu supereu é como uma versão interior da voz dos pais, que por vezes as elogia devido ao seu "bom" comportamento, mas que, com muito maior frequência, as repreende ou até castiga com severidade devido àquilo que o supereu identifica como "mau" comportamento. Esta voz da autoridade, que foi outrora a dos pais, torna-se uma parte do si-próprio que entra em conflito com uma outra parte do mesmo si-próprio ("o eu") e a confronta com as suas exigências.

Nos termos da concepção de Freud, é a instauração desta instância crítica interna ao longo do desenvolvimento de cada indivíduo que torna a civilização possível. A nossa capacidade de vivermos juntos em unidades sociais complexas – aldeias, cidades, nações – requer que, enquanto indivíduos, reprimamos uma grande quantidade de entre as nossas moções instintuais e pulsionais; temos de nos privar da satisfação sexual imediata e de renunciar à nossa agressividade sem entraves, uma vez que, caso contrário, a organização social em que vivemos estará ameaçada. As recompensas da vida civilizada são múltiplas; acima de tudo, a vida numa sociedade civilizada é mais segura. Mas esta segurança obtém-se em troca da imposição de restrições severas às nossas tendências humanas inatas. Vivemos segundo critérios morais aparentemente superiores aos de certas outras formas de ordem social mais primitivas. Mas a agressividade que foi recalcada pela civilização é canalizada e reorientada para o próprio sujeito sob a forma de uma consciência moral severa, que experimentamos como culpabilidade. O sentimento de culpa faz, portanto, parte da natureza e da experiência humanas. Tal é o processo que Freud descobre em acção na estrutura mental a que chamou supereu. Este é o guardião

22 | O SUPEREU

necessário da moral; mantém a ordem. Mas é também o preço a pagar em troca da civilização. A presença de um supereu forte, diz Freud,

> *é o mais importante problema com que depara o desenvolvimento da civilização [... uma vez que] o preço que pagamos pelos nossos progressos em matéria de civilização é a perda de felicidade decorrente do aumento deste sentimento de culpa[2].*

Importa termos presente que a ordem social perspectivada por Freud e a sua moral subjacente se baseiam no medo. Embora Freud insista muitas vezes no facto de os pais não serem apenas temidos, mas também profundamente amados[3], a consciência moral derivada do supereu que ele próprio descreve baseia-se muito mais no medo que no amor. Tal como tememos a rigorosa admoestação do pai na infância, assim temeremos em adultos a rigorosa admoestação do supereu.

Todavia, muita gente pensará que, embora com frequência sejamos "bons" por termos medo de o não ser – medo da culpabilidade –, também somos com frequência "bons" por termos em nós, e os usarmos, impulsos de amor, generosidade e dedicação. Ao mesmo tempo que tendências agressivas, as pessoas parecem também revelar muitas vezes outras que positivamente as levam a ser decentes. Esta tendência deriva, na realidade, do mesmo processo que instaura dentro de nós o supereu mais punitivo: uma interiorização das qualidades parentais operada numa fase muito precoce. O modo como estas interiorizações e identificações têm lugar, o modo como interagem umas com as outras e com os próprios impulsos inconscientes e fantasias da criança acerca dos seus pais, constituiu o objecto da exploração em profundidade de diferentes analistas posteriores; sobretudo, Melanie Klein [4].

Onde descobrir o supereu

Do lado de dentro e perfeitamente consciente

É do lado de dentro, no interior da mente, que se situa o lugar mais óbvio onde procurar o supereu e começar a estudar o modo como funciona. A maior parte das pessoas tenderia imediatamente a pensar na voz do seu supereu tal como nos seus pensamentos a experimentam: "Se não te levantares para oferecer o lugar a esta senhora, vais sentir-te realmente mau." "Podias limitar-te a meter no bolso esta nota de cinco libras que encontraste no chão da loja, mas sentes que estarias a fazer mal." "De acordo, acabaste por meter no bolso as cinco libras; a verdade é que devias ter vergonha. Que espécie de patife és, afinal?" "Disseste uma coisa extremamente desagradável a essa mulher; como foste capaz de o fazer?" Eis outros tantos exemplos de tentações ou faltas pelas quais, na maioria dos casos, costumamos punir-nos a nós próprios. E, na maioria dos casos de novo, reconheceremos que tal é precisamente o sentimento de culpa: o modo como nos punimos por termos feito coisas que não deveríamos ter feito. A este nível, o nosso supereu funciona de maneira lógica e, por isso, facilmente compreensível: sabemos que fizemos mal, e sabemos que nos sentimos culpados sabendo igualmente porquê.

Mas há pessoas que sofrem muito mais profundamente, e de modo aparentemente ilógico, a sua "culpabilidade". São pessoas que se sentem tão mal, tão culpabilizadas ante a possibilidade de fazer, ou até mesmo de *pensar*, certas coisas que acham que não deveriam fazer ou pensar, que ficam condenadas ou a restringir drasticamente o seu comportamento ou a ceder a um sentimento de culpa avassalador e extremamente debilitante.

Uma rapariguinha explica, durante a sua psicoterapia, que sabia ser uma maldade pensar no que havia por baixo do pano que envolve a cintura do Cristo quando estava na igreja; tentava desesperadamente pensar noutra coisa, mas sem o conseguir. Era atormentada por sentimentos de culpa e sentia-se merecedora de castigo. Uma maneira de descrever o que se passava no seu espírito seria dizer que tinha um supereu severo e cruel que a punia não só pelo que fazia, mas até pelo que pensava. Do ponto de vista dessa sua autoridade interna, os pensamentos eram tão condenáveis como os actos. E, evidentemente, o tratamento para esta rapariguinha teria de consistir em levá-la a compreender alguma coisa acerca do seu supereu: de onde vinha este último e por que era tão punitivo.

Um político bem conhecido contou recentemente que, quando era um rapazinho, costumava pedir autorização ao professor para "fazer barulho". "Já são horas de fazer barulho, senhor professor?", recorda-se ele de então perguntar. Estamos perante a imagem de uma criança com medo de ser uma criança como as outras; com medo de ser severamente castigada pelo seu supereu no caso de se "deixar ir". Trata-se de um novo exemplo do rigor do supereu.

Vermos ou ouvirmos descrever casos de crianças que se autopunem psiquicamente é uma experiência bastante dolorosa, e que faz com que nos perguntemos de onde vem a cruel voz interior que as castiga. Podemos pensar que as crianças assim ouviram repetidamente da boca de pais particularmente exigentes acusações de maldade. Mas muitas vezes não é esse o caso, e na realidade a severidade do supereu da criança não parece corresponder de maneira nenhuma à severidade do tratamento que efectivamente conheceu. É como se o supereu adoptasse apenas os aspectos mais estritos dos pais da criança, ignorando por completo o amor e dedicação que aqueles lhe consagram. (Todos os pais conhecem por experiência essas situações em que os filhos parecem lembrar-se apenas das ocasiões em que os pais se zangaram, ou gritaram com eles, ou das vezes em que não foram autorizados a ver televisão embora não tivessem feito mal algum!) Os psicanalistas vêem nesta discrepância entre a severidade do supereu e o modo como o indivíduo foi realmente tratado em criança uma significativa ilustração do processo de formação do supereu: a criança interioriza a figura dos pais tal como estes são vistos em função dos sentimentos agressivos inconscientes que a própria criança alimenta perante eles. O supereu é caracterizado, por conseguinte, por uma dupla agressividade: a dos aspectos agressivos e autoritários dos pais, redobrada pela agressividade inconsciente da criança.

Dentro de nós próprios
mas não realmente consciente

É interessante notar que a maior parte do nosso supereu é inconsciente. O que significa que somos motivados por sentimentos – dos quais não temos consciência – no que se refere às coisas que fazemos e pensamos, e por vezes também sobre coisas que não temos consciência sequer de pensar! Tudo isto parece estranho e talvez impossível, mas a psicanálise confronta-se a todo o momento com dados que provam que as pessoas se sentem culpabilizadas sem o saberem e acerca de coisas que não têm consciência de fazer ou pensar.

Um exemplo: uma mulher decide consultar um psicanalista acerca de uma coisa que começava a preocupá-la. A mulher era casada com um homem que amava profundamente, mas era incapaz de ter prazer no comércio sexual que mantinha com ele. Não havia, tanto quanto ela era capaz de dizer, qualquer razão para que não devesse sentir prazer. No entanto, a mulher achava que não o tinha, e que, na realidade, se sentia até vagamente deprimida depois das relações sexuais. Conscientemente, sentia que nada fizera de mal e, de novo conscientemente, não se sentia culpada. O que não a impedia de ter consciência de que as coisas não se passavam como deviam nem de sofrer de uma inibição dolorosa da sua capacidade de ter prazer. Esperava que a psicanálise a ajudasse a resolver o seu problema. Ao longo da análise começou pouco a pouco a dar forma a certas forças que desempenhavam o seu papel na situação. Quando era ainda muito pequena, amara profundamente a sua mãe, mas quando lhe nascera uma irmã mais nova, virara-se contra a mãe e transformara-se na "menina do papá". Lembra-se de ter tido uma relação horrível com a mãe durante anos, mas tendo sido mais tarde capaz de superar essa fase e de desenvolver uma relação razoável com ela. O pai morreu durante a adolescência dela, e a mãe nunca voltou a casar, permanecendo viúva para o resto da vida. Ao longo da análise, a paciente foi gradualmente tomando consciência dos sentimentos muito compósitos e turbulentos que experimentara pelos seus pais: o seu amor pela mãe, seguido pelo ressentimento, a inveja e o ciúme em relação a ela; o seu desejo de rapariguinha de vir a ser melhor que a mãe, a fim de conseguir agradar ao pai mais que ela; o seu ódio pela mãe devido ao facto de, em certo sentido, ela não ter sido capaz de manter o pai em vida; a sua admiração pela coragem da mãe, combinada com um sentimento de triunfo resultante do facto de se estar ela própria a transformar sexualmente numa mulher ao passo que a mãe se encontrava privada de parceiro sexual; a sua terrível, ainda que inconsciente, culpabilidade, em função do amor bem real que também sentia pela mãe, originada pelo facto de, segundo as suas próprias palavras, "ter invertido os papéis – e ser agora só eu a ter um marido!" Era esta culpabilidade inconsciente relativa aos seus sentimentos inconscientes de triunfo sobre a mãe que a impedia de assumir plenamente a sua sexualidade com o marido – até ao momento em que pôde, no quadro da análise, descobrir e elaborar tanto a primeira como os segundos.

Como este caso sugere, os sentimentos depressivos, difusos ou mais pesados, são muitas vezes indícios da culpabilidade inconsciente. A depressão pode, pelo seu lado, assumir múltiplas formas: letargia, cansaço, insónia, um vago sentimento de infelicidade, ausência de prazer ou de entusiasmo. Por outras palavras, embora o nosso supereu possa atacar-nos fazendo com que nos sintamos culpados, pode também atacar-nos de modos muito mais sub-reptícios, fazendo com que nos sintamos deprimidos, ou simplesmente "abaixo da média". Pode minar o prazer que extraímos da vida e fazer-nos sentir que a vida não tem sentido. Então, embora não nos *sintamos* conscientemente culpados, estamos a ser punidos por alguma coisa de que nos sentimos inconscientemente culpados.

Mas de que espécie de coisas poderemos sentir-nos inconscientemente culpados? Vem aqui a propósito a referência ao caso da análise de uma outra paciente. Tratava-se de uma mulher jovem que recorrera à análise porque sentia dificuldades em estabelecer com os outros relações significativas ou tirar satisfação do seu trabalho que achava potencialmente estimulante e cheio de interesse, mas que abordava com cada vez menos entusiasmo. Fazia parte da sua história uma tragédia familiar terrível: a irmã mais nova da paciente sofrera um acidente ao nadar durante umas férias da adolescência de ambas. O resultado fora uma invalidez grave e permanente. A paciente tinha consciência de se sentir triste e dolorosamente tocada, ao mesmo tempo que por vezes sobrecarregada também, pela invalidez da irmã – na

32 | O SUPEREU

sequência desse acidente em que ela própria não tivera qualquer responsabilidade. Mas não tinha consciência do modo como se sentia culpada até ao momento em que teve um sonho que a fez recordar-se de um episódio que acontecera quando era uma criança pequena – por volta dos 3 anos de idade. Lembrava-se de estar à mesa da sala de jantar com o pai e o irmão mais velho enquanto a mãe amamentava e punha na cama a irmã mais nova, nessa altura ainda bebé. E lembrava-se de ter tido o terrível sentimento de não haver na mesa comida suficiente para ela e de ter odiado a irmã bebé. Começara a chorar e a queixar-se, fazendo uma birra, pelo que acabara por ser mandada sair da mesa.

Segundo a sua descrição da situação, tal como a recordava, havia na realidade muita comida na mesa. Tornou-se evidente que a falta que sentia era a da mãe, e que o facto de a irmã mais nova estar a ser alimentada pelo seio da mãe a enchera de dolorosos sentimentos de privação e ciúme, e também de ódio, por aquele bebé que estava a ter tudo o que ela própria queria.

O trágico acidente real da sua irmã fora sentido por ela como a realização dos desejos hostis muito comuns que a paciente alimentara contra aquela. O que a impedia de associar a sua recordação da hostilidade que em criança sentira em relação à irmã mais nova e a tristeza que experimentava perante a sua invalidez, uma vez que

ONDE DESCOBRIR O SUPEREU | 33

a ligação entre as duas coisas lhe causaria um insuportável sentimento de culpa.

Assim, não se operara a conexão entre os dois termos e a culpabilidade permanecera inconsciente, fazendo com que a paciente se continuasse a punir pela sua agressão infantil, negando a si própria a possibilidade de extrair da vida prazer e satisfações.

Se o olharmos deste ponto de vista, um episódio da vida de um dos mais célebres romancistas do século XIX, Charles Dickens, poderá talvez fornecer-nos uma esclarecedora imagem da culpabilidade que não é reconhecida pelo sujeito. Em 1858, ao fim de trinta anos de casamento, Dickens deixou, súbita e cruelmente, a sua esposa, Catherine. Os amigos e familiares ficaram chocados e intrigados pelo que lhes parecia ser um modo de comportamento inexplicavelmente frio e abrupto: Dickens começara por instalar literalmente uma parede no quarto conjugal a fim de separar o seu espaço do da esposa, e, a seguir, como isso se mostrasse insuficiente para a remover da sua presença, insistiu em que ela deixasse a casa. Com um ódio implacável, tentou fazer com que os filhos se afastassem da mãe; pelo seu lado, Dickens continuou, entretanto, a ocupar a casa de família na companhia dos seus outros membros, à excepção do filho mais pequeno, e com a irmã da esposa, Georgina, a ocupar-se dele. No período imediatamente pos-

34 | O SUPEREU

terior à separação, Dickens odiava Catherine e mostrava-se "impiedosamente vingativo" para com quem quer que fosse que sentisse "estar do lado" dela. Enchia-o o sentimento de estar no pleno direito de fazer o que fizera, e considerava-o absolutamente justificado. Convencido de ter toda a razão, instava com os amigos perplexos a concordarem com o seu ponto de vista.

Por um momento, o romancista pareceu aliviado pela maneira como mudara a sua vida. Mas pouco a pouco o seu comportamento começou a constituir uma causa de preocupação real para os seus amigos e médicos. Manifestava uma actividade "estonteante", que incluía digressões em torno das Ilhas Britânicas durante as quais fazia sessões de teatro, preenchidas pela leitura de trechos das suas obras. A escolha dos trechos ia mudando semanalmente, exceptuado um episódio que era invariavelmente seleccionado pelo autor: Dickens insistia em incluir, uma e outra vez, em todas as sessões, a leitura de "A Morte de Nancy", do seu romance *Oliver Twist*. Nesse episódio, Bill Sikes, um terrível criminoso, assassina a sua doce, bondosa e inocente companheira, Nancy. Dickens desempenhava os dois papéis – o da mulher inocente, brutalmente atacada, e o do seu feroz agressor. À medida que as semanas e os meses foram passando, o desempenho adquiria uma intensidade cada vez mais frenética. Dickens contou aos amigos que começava a ter dificuldade em distinguir entre a sua própria pessoa e o texto, e experimentava, depois de cada nova sessão, ao andar pelas ruas, "a vaga sensação de ser 'procurado pela justiça'":

Durante o Outono e o Inverno [...] na Inglaterra, na Escócia e na Irlanda, continuou a "matar Nancy" com uma regularidade que se tornara aditiva[5].

Estava gravemente doente, e os amigos diziam que parecia

desesperadamente envelhecido e exausto; com vincos no rosto e à volta dos olhos profundamente encovados; (havia) no seu olhar uma expressão de cansaço e envolvia-o uma atmosfera de fadiga e depressão[6].

Um biógrafo recente de Dickens, Fred Kaplan, escreve:

Quando (Dickens) *representava o assassinato de Nancy por Sikes, criava a ilusão no palco de ser Sikes, de cometer no crime o coração e a vontade. E cometia de facto. Matando repetidamente Nancy, expressava com uma violência deslocada o horror que sentia pelas mulheres que tinham marcado a sua vida, a mãe e a esposa. [...] Ao assassinar Nancy, incorria no crime de uma vingança [...] a que só a ficção lhe*

36 | O SUPEREU

dava acesso. A sua identificação com Sikes era tão forte que nem sequer a morte de Sikes era capaz de o libertar dessa identificação que o dominava[7].

E depois das sessões de leitura, continua Kaplan:

Um criminoso infame continuava a vaguear à solta, no seu íntimo. Depois da leitura, quando saía do teatro, quase esperava ser detido na rua. Espreitava para trás das costas, por cima do ombro, tentando ver quem estaria a persegui-lo[8].

Quando lemos estas descrições confrangedoras e desconcertantes, dificilmente podemos evitar a conclusão de que havia na representação do episódio de ficção qualquer coisa mais, para lá da história de Bill Sikes e de Nancy. Somos quase forçados a considerar que um outro homicídio estava a ser representado todas as noites em cena; que, incapaz de assumir a culpabilidade e a vergonha resultantes do modo como tratara a mulher, Dickens era compulsivamente levado a encená-lo e a repô-lo em acção. Assim, penso poder sugerir que aquilo que perseguia Dickens, noite após noite, à saída do teatro era o seu supereu.

O implacável supereu interior

Um dos aspectos mais importantes a levar em conta quando exploramos o modo como o supereu funciona é o que se refere à relativa brandura ou à severidade do supereu de cada pessoa em particular. Uma pessoa saudável tem um supereu que, de um modo geral, a ajuda a sentir-se bem consigo própria e que só quando ela age mal a pune, fazendo-a sentir-se culpada. Um supereu saudável é como os pais ao mesmo tempo bons e firmes: tem regras, mas é também capaz de perdoar a sua transgressão. Podemos argumentar com ele e moderá-lo: se agi mal, reconheci que agi mal e estou a tentar proceder a uma reparação, o meu supereu dar-me-á habitualmente ouvidos e perdoar-me-á. A reparação – que consiste em compensar agindo bem o dano que causámos – liga-se à noção religiosa e espiritual de redenção; implica sempre um reconhecimento da culpa e um desejo de reparar os danos.

Podemos considerar que certas pessoas acossadas por um supereu demasiado severo suportam inconscientemente como que o peso de uma montanha de culpa. Reconhecer a sua extensão ou tentar reduzir minimamente o seu peso terrível é correr o risco de uma avalanche mortífera de vergonha. Por isso, os indivíduos que se encontram numa situação aflitiva que tal, que os torna incapazes do menor movimento susceptível de permitir o início do processo de reparação, vêem-se condenados, dentro de si próprios, a acusações e ataques incessantes.

Perante um supereu tão cruel, o sujeito é levado, na generalidade dos casos, a procurar uma maneira ou de outra de se esquivar, pois de outro modo expor-se-á grandemente ao perigo de se ferir a si próprio ou aos outros. Nos casos graves, a dimensão relacional é afectada e a intensidade da depressão dá origem a dificuldades profissionais. E nas situações mais extremas, o suicídio ou até mesmo o homicídio podem parecer ao sujeito ser o único modo que lhe permitirá silenciar o assalto implacável que sofre no plano interno.

O supereu transposto para o exterior e localizado nos outros

Por vezes, quando o supereu é demasiado feroz – quando a culpabilidade se torna de um horror insuportável –, os indivíduos *projectam* o seu supereu no exterior, localizando-o noutras pessoas. O que significa que as vozes críticas são atribuídas a um outro indivíduo e que a crítica é recebida como se viesse dessa pessoa diferente. Esta última, na qual o indivíduo localiza a origem da crítica, poderá não o ter criticado de modo nenhum. Uma aparência peculiar, ou uma observação ocasional, ou ainda um telefonema que não foi feito, todas essas coisas parecem transformar-se em sinais indicando a crítica ou a censura por parte de uma outra pessoa. Pensar que uma outra pessoa nos está a perseguir ou a acusar-nos pode constituir uma experiência terrível, mas que não é nada por comparação com o ódio do sujeito por si próprio e à impossibilidade de tréguas a que dá lugar. Por vezes, as pessoas tornam-se acentuadamente paranóides ao tentarem assim opor defesas à sua própria culpabilidade inconsciente.

Eis um exemplo: Helene Deutsch descreve-nos uma sua paciente que durante algum tempo se viu na situação de não poder pagar a análise que estava a fazer. Essa paciente, em vez de se sentir grata pela paciência da analista, tornou-se então extremamente agressiva. Começou a rebuscar os dois últimos anos da análise, "recordando" as falhas da analista, ou os diversos modos como esta a compreendera mal ou não a tratara devidamente. Helene Deutsch refere-se a

um fluxo de recordações de incidentes menores que haviam ocorrido durante a análise e que a paciente conseguia inflectir de modo a fazê-los corresponder aos seus fins. […] Susten-

tava, por exemplo, que a sua análise e todo o seu futuro tinham sido definitivamente arruinados por uma conversa telefónica que interrompera uma das sessões durante alguns minutos e que eu fizera (insistia a paciente) *movida pela minha profunda antipatia por ela. Transpondo as acusações para a minha pessoa, podia pôr-se a si própria ao abrigo da culpabilidade e, por isso, também ao abrigo da depressão*[9].

Este exemplo mostra uma das maneiras como as pessoas podem separar-se dos seus próprios sentimentos de culpa acusando os outros de as perseguirem ou criticarem. O perseguidor passa a ser identificado com outra pessoa, pelo que seria esta outra pessoa quem deveria sentir-se culpada.

A fim de escaparem a uma culpabilidade inconsciente insuportável, certos indivíduos poderão tentar provocar as censuras dos outros. Freud escreveu acerca daqueles a que chamava "criminosos por sentimento de culpa", pessoas sobre as quais pende a ameaça de sentimentos relativos à sua própria maldade que não são capazes nem de compreender nem de suportar, pessoas cujos sentimentos de culpa são tão poderosos que só podem ser aliviados quando fazem uma coisa realmente má[10]. Para o que há duas razões. Em primeiro lugar, fazer uma coisa realmente má faz com que os sentimentos de culpa pareçam racionais; o crime, por mau que seja, é limitado e tem lugar no mundo real, o que permite que de uma maneira ou de outra se lide com ele. Em segundo, a punição que se segue ao mal assim feito é susceptível de aliviar temporariamente alguns dos sentimentos de culpa. É que a punição operada pelas autoridades exteriores poderá revelar-se menos devastadora que a punição imposta ao sujeito por um supereu particularmente severo.

O supereu interiormente localizado mas referido a uma pessoa exterior à pessoa

Há uma maneira frequente de lidar com um supereu rigoroso: em vez de deixar que este último a persiga, a pessoa orienta-o para o exterior, referindo-o a outras pessoas que estão presentes na sua vida e que passa então a perseguir. James Thurber narrou a história de um homem cujo filho tinha medo das outras crianças. O homem exorta o filho a enfrentar as situações de briga; insiste em que o rapaz tem de ser capaz de bater-se com os outros. O rapazinho tenta fazer o que o pai quer, mas durante a luta tem medo e foge. A reacção do pai é pôr-se aos berros com o filho, atacar o rapaz tão violentamente como os outros garotos tinham feito: "Choramingas nojento! Não prestas para nada, cobardolas!"

Podemos interpretar esta história como uma descrição da luta sem sucesso do pai com o seu próprio supereu turbulento. Podemos adivinhar estarmos perante um homem que deve ter sofrido a experiência de ser desprezado e amesquinhado interiormente por uma parte extremamente cruel e agressiva de si próprio, que o declara cobarde, sem préstimo e tão inútil como uma patética criança de colo. Esta voz acusadora pode ter sido a do seu próprio pai real, mas habita agora dentro dele, não parando de o ameaçar com as suas críticas severas e o seu desprezo. Que faz então o homem na tremenda situação em que se encontra? Desfaz-se da voz que o acusa e dirige-a contra o filho; é o filho quem se transforma em objecto do seu desprezo enquanto ele se põe desse modo ao abrigo das críticas.

Todos nós conhecemos pessoas assim – pessoas que nos atacam com a sua superioridade, as suas proibições ou os seus decretos de mestre-escola. Arranjam maneira de nos fazer sentir pequenos, ou insignificantes ou estúpidos. Quando tropeçamos num indivíduo assim, pode ser útil termos presente que o mais provável é que ele esteja afinal a tentar desembaraçar-se dos sentimentos que alimenta em relação a si próprio, transferindo-as sobre a nossa pessoa.

O conceito psicanalítico de supereu

Como se estabelece o supereu dentro de cada um de nós? Como acabamos por nos tornar seres morais e civilizados? Como somos levados a obedecer à lei, a tratar os outros decentemente, a respeitarmo-nos mutuamente? Paramos no sinal vermelho ainda que a meio da noite, quando não há ninguém que possa dar por uma eventual transgressão; respeitamos a propriedade dos outros, ainda que sabendo que, na circunstância, não seríamos apanhados se lhe deitássemos a mão; consideramos justo que os indivíduos socialmente mais desfavorecidos sejam auxiliados e protegidos pelos mais favorecidos. As coisas nem sempre se passam, evidentemente, assim, mas é assim que se passam na maior parte dos casos. Cada um de nós transporta dentro de si próprio o seu polícia moral que prescreve e proíbe. Mas por que é que isso acontece? Como se transforma o bebé absolutamente egoísta em adulto civilizado? Como adquirimos um supereu?

A resposta simples apresentada por Freud consiste em dizer que devemos a nossa consciência à nossa experiência dos aspectos autoritários, valorativos, críticos e punitivos do modo como se comportavam os nossos pais e, sobretudo, o nosso pai. Os juízos (e, na realidade, todos os modos de pensar acerca do que está bem e do que está mal), que recebemos dos nossos pais quando, na infância, éramos ainda demasiado jovens para os pôr em causa, são interiorizados e implantados em nós como uma autoridade interna – quer dizer, justamente, na qualidade de nosso supereu.

É deste modo que os nossos pais, e as suas figuras e qualidades, como mais tarde as figuras e qualidades de outras pessoas das quais estamos próximos ou que admiramos, se tornam parte de nós próprios. As nossas personalidades são profundamente afectadas pelas pessoas significativas com as quais nos identificámos ao longo da existência, sobretudo nas suas primeiras fases. E o nosso supereu é o exemplo primário do modo como essas identificações podem afectar em profundidade as nossas personalidades: a pessoa que tenha um supereu muito estrito e severo distingue-se imediatamente de uma outra pessoa cuja atitude em relação a si própria é mais maleável e indulgente. Não se trata aqui de um juízo de valor: uma personalidade não é necessariamente melhor que a outra, cada uma delas tem as suas forças e as suas fraquezas; mas são personalidades diferentes.

Descrevo na próxima secção os fundamentos teóricos do conceito psicanalítico de supereu. O que implicará necessariamente a utilização de conceitos e de ideias complexos e nem sempre facilmente apreensíveis.

Introjecção e identificação:
o modo de formação do supereu

A concepção psicanalítica do modo como cada um de nós acaba por adquirir um supereu foi sendo desenvolvida ao longo de muitos anos, mas teve origem nas tentativas de Freud e de um outro dos primeiros psicanalistas, Karl Abraham, visando compreender e tratar pacientes que sofriam daquilo a que então se chamava *melancolia* (correspondendo ao tipo de casos que hoje referimos à *depressão*). O que Freud e Abraham observavam era que os pacientes atacados de "melancolia" se autocriticavam constantemente – acusando-se de indignidade, de maldade, de falta de sentimentos, de não se preocuparem com mais ninguém além das suas pessoas, de não serem capazes de fazer fosse o que fosse de bom, de terem faltado aos seus entes queridos (pais, amigos, marido ou mulher), e assim por diante. Esta auto-recriminação, atingindo por vezes as dimensões do ódio, é a característica distintiva fundamental da depressão. Abraham deu-se conta de que os sujeitos gravemente deprimidos se pareciam muito com os que se encontravam numa fase de luto, mas sem que fosse claro quem lhes morrera, ou o que ou quem tinham perdido.

Além disso, tratava-se de um luto como que enlouquecido: invasor e excessivo e aparentemente injustificado [11]. Esta teoria – segundo a qual a depressão equivale a um luto patológico – permaneceria como a base da teoria psicanalítica da depressão. A sua elaboração ao longo dos anos seguintes levou não só a que a depressão fosse concebida como uma entidade patológica, mas também à concepção da existência no interior de cada indivíduo de um supereu e da relação a estabelecer entre as funções do supereu e as perturbações depressivas.

Abraham aprofundou a comparação entre o sofrimento do luto e o da depressão de modo a elucidar a razão de ser da segunda. Sustentou que, embora o luto e a depressão representem a reacção a uma perda, na depressão intervém igualmente um elemento de *hostilidade* inconsciente. Por outras palavras, a distinção entre a depressão e os processos de luto normais está no facto de a depressão comportar a presença de uma dose elevada de agressão. E sugeria em seguida que o sujeito poderá exceder os limites normais do luto no sentido de uma depressão mórbida quando a sua reacção à perda de um ser amado se encontra ao mesmo tempo sobrecarregada de elementos de agressão e de ódio. Tratava-se de uma intuição brilhante, baseada numa apurada observação clínica: a pessoa deprimida não sente apenas desgraça, mas também furor.

INTROJECÇÃO E IDENTIFICAÇÃO | 49

Em 1916, Freud continuou e alargou em grande medida o estudo da depressão num ensaio teórico fundamental que estabeleceu o modelo de inteligibilidade dos processos de "introjecção" e de "identificação", abrindo assim caminho à análise da formação do supereu. Nesse ensaio, "Luto e Melancolia", Freud aceita completamente a teoria de Abraham. Insiste, também ele, na relação entre o luto e a depressão, considerando ambos uma reacção à perda – devido à morte, à decepção ou à traição – de um objecto amado (quer dizer, uma pessoa, coisa ou instituição que fora objecto de sentimentos intensos) [12]. E concorda com Abraham no que se refere à presença da hostilidade na pessoa deprimida. Mas Freud prossegue introduzindo uma outra distinção importante: diz que ao passo que o luto está sempre em relação com um objecto conscientemente percebido e realmente perdido, a melancolia, embora possa também referir-se a um objecto semelhante, é experimentada mais frequentemente em relação a uma perda que só pode localizar-se no Inconsciente.

Freud enunciou as características partilhadas pelas pessoas que estão a fazer o luto de alguém que morreu ou desapareceu e pelas pessoas cuja profunda depressão não pode ser referida a qualquer perda manifesta. Estas características comuns são-nos familiares a todos, e incluem uma tristeza profunda, uma retirada do interesse pelo mundo exterior, a inibição da actividade e a perda da capacidade de sentimentos de amor endereçados às figuras presentes. Além disso, contudo, diz Freud, os sujeitos deprimidos exibem certos traços que não fazem geralmente parte do processo de luto normal: uma terrível perda de auto-estima, auto-recriminações e até mesmo uma necessidade delusiva de castigo. Portanto, parece-lhe necessário elaborar um sistema teórico que explique o conjunto de tais traços clínicos. (Os sentimentos que correspondem a estes últimos são, evidentemente, experimentados a título momentâneo por muitas das pessoas que fazem uma experiência de luto; mas quando se tornam esmagadores e se dilatam prolongadamente no tempo, tanto os psicanalistas como alguns outros observadores consideram que o processo de luto está a ser complicado pela depressão.)

O que Freud dizia era que tanto no luto comum como na depressão há a perda – no plano da realidade ou da fantasia – de um objecto amado. No luto normal, desenrola-se um processo extremamente lento e doloroso em que todo o interesse e toda a energia anteriormente dirigidos para o objecto são dolorosa e lentamente retirados dele nos termos de um processo de separação. O sofrimento é sempre intenso, como poderá testemunhar qualquer pessoa que tenha perdido um ser querido. Mas, no luto normal, este processo de infelicidade e sofrimento desenrola-se segundo um percurso progressivo: muito gradualmente, o interesse, os pensamentos e os sentimentos são retirados da pessoa perdida; há um desprendimento feito passo a passo, pedaço a pedaço, que, no termo do luto, nos deixa livres de continuarmos a nossa vida: de amarmos outras pessoas, de termos outros interesses.

Na depressão, intervém qualquer coisa mais. Para que alguém caia na depressão pela perda de uma outra pessoa, a relação com esse ser querido deverá ter sido basicamente *narcísica* – quer dizer, o objecto amado era sentido como pertencente a, fazendo parte de, ou sendo uma extensão de si próprio do sujeito. Deste modo, o sentimento de privação é experimentado pela pessoa deprimida como um empobrecimento de si própria: "Eu (sem o meu ser amado) não sou nada, nada me aguenta inteiro, nada em mim tem qualquer valor." Como acontece para o indivíduo que conhece um processo de luto normal, o mundo perde todo o interesse; mas para o deprimido é o seu *si-próprio* que a incapacidade de qualquer interesse afecta. Samuel Taylor Coleridge descreve magnificamente esta experiência no seu poema *"Dejection: An Ode"* (*"Desânimo: Uma Ode"*):

And still I gaze – and with how blank an eye!
And those thin clouds above, in flakes and bars,

That give away their motion to the stars;
Those stars, that glide behind them or between,
Now sparkling, now bedimmed, but allways seen:
Yon crescen Monn, as fixed as if it grew
In its own cloudless, starless lake of blue;
I see them all so excellently fair,
I see, not feel, how beautiful they are!

My genial spirits fail;
And what can these avail
To lift the smothering weight from off my breast?
It were a vain endeavour,
Though I should gaze forever
On that green light that lingers in the west:
I may not hope from outward forms to win
The passion and the life, whose fountains are within [13].

(E olho todavia – e com que olhar vazio!
E as nuvens finas lá em cima, flocos e traços,
Devolvendo às estrelas o seu vaivém no espaço;
E as estrelas que atrás ou por entre elas voam,
Porém visíveis sempre, refulgentes ou foscas:
Depois, crescente, a Lua, que permanece quieta
No seu lago de azul sem nuvens e sem estrelas;
Tudo isto vejo em toda a sua beleza infinda,
Mas em toda a beleza vista nada sinto!

Falta-me a alegria;
E como poderia
aliviar ela o peso que esmaga o coração?
Pois a veria em vão,
Se a olhasse para sempre,
Esta luz verde que se atarda a Ocidente:
Não posso esperar em formas que fora de mim vençam
A paixão ou a vida cujas fontes são dentro.)

Acresce que, na depressão, não só o si-próprio não é experimentado como incapaz de se sentir interessado no mundo, e inapto para amar, segundo a descrição de Coleridge, mas acontece que se torna também ele o objecto de um ódio, crítica e desvalorização avassaladores. Os sujeitos deprimidos sentem-se absolutamente indignos de qualquer estima, mas o modo como se queixam de si próprios veicula ao mesmo tempo e paradoxalmente uma aura de auto-importância, de auto-engrandecimento: "Sou a pessoa mais inútil do mundo"; "É evidente que ninguém sente simpatia por mim; quem poderia ser amigo de uma pessoa tão revoltante?"; "É claro que nunca fui capaz de manter um emprego; sou de uma preguiça total e completamente autodestrutivo" – e assim por diante. Freud deu-se conta de que todas estas auto-recriminações que a pessoa deprimida se endereça parecem de facto aplicar-se, ou ser dirigidas, muito mais à pessoa do objecto perdido que àquela que as faz! Era como se a severidade das críticas expendidas visassem na realidade o objecto perdido ou, pelo menos, a parte do si-próprio que passara a identificar--se com esse objecto. "A sombra do objecto cai sobre o eu", dizia Freud, tentando descrever o que lhe parecia em tais casos passar-se [14].

Tudo isto pode parecer complicado e difícil de compreender. Poderá ser útil lembrarmos que uma das diferenças entre as pessoas que desenvolvem um processo de luto normal e as pessoas atingidas por uma depressão está no facto de estas últimas mostrarem uma agressividade maior em relação aos seres amados perdidos. Mas não se trata da agressividade de uma irritação corrente, como a que acompanha um ressentimento ou desapontamento doméstico na vida de todos os dias. Quando alguém mais ou menos literalmente acredita que a pessoa que ama lhe pertence na realidade e não tem portanto uma vida independente da sua própria vida, então a morte dessa pessoa amada pode ser vista como um acto de falsidade terrível – uma traição de tudo o que dava à relação o seu valor. Perde-se tudo, incluindo o passado. Um tal furor inoportuno e despropositado constitui-se em objecto de negação, uma vez que é impossível reconhecê-lo, para já não falarmos em dar-lhe expressão, em circunstâncias que tornam o luto e o lamento da perda as únicas emoções admissíveis. Por meio do recurso a uma solução alternativa, o objecto perdido é *introjectado*, integrado no si-próprio e identificado com este, transformado, em suma, numa parte do si-próprio [15]. Esta parte é então desvalorizada, atacada e criticada (por ter partido, por ter morrido, por ter desiludido) por uma outra parte do si-próprio não identificada com o objecto. Deste modo, há uma parte do si-próprio que é atacada como se do objecto se tratasse. O que se diria ser o ataque movido por uma parte do si-próprio contra outra parte sua, como se uma dura guerra civil de afectos deflagrasse entre elas, é, na realidade, uma coisa um tanto diferente. *Há*, com efeito, uma guerra, mas esta não pode ser reconhecida porque se trava entre o si-próprio e um objecto ambivalentemente amado. Admitir a existência da guerra seria deixar partir o objecto amado – dar-lhe, por assim dizer, a sua liberdade. O que suscitaria um sentimento de perda insuportável:

Deste modo, uma perda de objecto era transformada numa perda do eu, e o conflito entre o eu e a pessoa amada numa clivagem entre a actividade crítica do eu e o eu alterado pelo processo de identificação [16].

E qual o propósito de tudo isto? O propósito é negar os sentimentos reais da perda do outro: deste modo, o objecto não é perdido, não se torna objecto de um luto, nem é abandonado – na realidade, é instalado no interior do si-próprio e aí permanece, para ser torturado, punido e controlado.

Pode tornar-se, aqui, útil um exemplo. Durante o seu primeiro ano de análise, um paciente meu enfrentou a aproximação do prolongado período das férias de Verão com a mais completa tranquilidade. Agradava-lhe a ideia de não ter que se deslocar até ao consultório durante seis semanas e de poder dispor assim de mais tempo para si próprio e para a família. Não pensava decerto que eu me fosse embora. Quando as férias de Verão terminaram, apareceu na primeira sessão do recomeço da análise num estado horrível e cheio de ansiedade: tinha a certeza de que ia perder a sua posição profissional porque deixara para férias as suas funções durante muito mais tempo que o habitual. Na altura em que tratara de obter essa interrupção sentia-se confiante e absolutamente seguro ao fazê-lo, mas, enquanto estava de férias, ocorrera-lhe a ideia de que era irresponsável e, mais que isso, um acto de delinquência afastar-se por tanto tempo do escritório, sendo o mais provável que tudo acabasse por correr mal durante a sua ausência. "Como fui tão estúpido? Como pude programar umas férias tão grandes?", perguntava-se ele. Era aquilo que estava sempre a fazer, observava: comportar-se responsavelmente por um momento e depois deitar tudo a perder por meio de uma forma de comportamento irreflectida! Evidentemente, os outros sócios da empresa deviam estar furiosos com ele, uma vez que algumas decisões de negócios importantes tinham tido de ser tomadas durante a sua ausência e ele não participara no processo. E tornava a interrogar-se: como conseguira ser estúpido ao ponto de ter interrompido o seu trabalho por tanto tempo? Iria ao escritório pela primeira vez desde o fim das férias naquela mesma manhã, a seguir à sessão, e não fazia a menor ideia de como seria capaz de enfrentar a situação no que se referia aos outros.

Dir-se-ia que este paciente transbordava do que pareciam ser sentimentos autopersecutórios. Uma parte extremamente crítica de si próprio desvalorizava e punia outra parte sua, acusando-a de irresponsabilidade e auto-indulgência (devido às férias mais prolongadas que habitualmente). Mas o que se tornou claro durante a sessão referida, à medida que a situação ia sendo analisada e novos factos emergiam (o facto, por exemplo, de o paciente ter tido apenas mais dois dias de férias que nos anos anteriores, e o facto de ter falado com diversas pessoas no escritório antes de tomar a decisão de estar ausente por mais dois dias), era que as autocríticas que tanto o atormentavam interiormente visavam com muito mais verosimilhança a sua analista. *Alguém* fora irresponsável e delinquente. *Alguém* devia ser despedido. *Alguém* abandonara as outras pessoas em dificuldades, sem lhes prestar a ajuda de que necessitavam durante a longa interrupção das férias. *Alguém* se divertia cheio ou cheia de auto-indulgência, enquanto as outras pessoas tinham de se haver sem o necessário auxílio com toda a espécie de problemas.

O paciente, como acabámos por descobrir, protegera-se dos sentimentos ameaçadores de perda ou dependência que a interrupção da análise durante as férias seria de molde a suscitar. Conscientemente, não se preocupava com o meu afastamento e sentia-se cheio das melhores disposições a meu respeito. Ou seja, conscientemente não se confrontara com qualquer experiência de perda. E a fim de nos proteger a ambos da raiva que tinha por mim, evitara viver essa raiva comigo; em vez disso, fora uma parte de si próprio a identificar-se com o que em mim ele sentira de irresponsável, delinquente ou egoísta. E era essa parte de si próprio identificada comigo que estava a perseguir com uma crueldade implacável.

Espero que este exemplo mostre o modo como um conflito que de facto se refere a uma relação pode ser interiorizado – em vez de ser experimentado como um conflito entre a pessoa do paciente e a minha, é vivido como um conflito entre o seu si-próprio (que critica) e o seu si-próprio (que é criticado). Ao formular a sua concepção teórica do modo como as figuras externas se podem tornar objectos de identificação internos, Freud estabelecia um modelo da interiorização das figuras parentais que se transformavam no supereu. A teoria era a seguinte: em certas pessoas, a perda não é experimentada como uma perda, mas como uma transformação do si-próprio do sujeito. Observamos a existência de um processo de interiorização e de identificação relativo a certos aspectos do objecto perdido: "Não te perdi; transformei-me em ti."

Eis um outro exemplo, que considero importante uma vez que revela certas características assumidas pelo processo no caso de uma criança pequena. Uma família jovem –, composta pela mãe, pelo pai e por dois rapazinhos, de 4 e 2 anos, respectivamente –, estava a fazer uma viagem de comboio. A mãe trouxera lápis de cor e papel para as crianças brincarem, mas o trajecto era bastante comprido e os dois rapazinhos começaram a sentir-se cansados e fartos de estarem fechados. O mais velho, Thomas, começou primeiro a andar de um lado para o outro e depois a saltar dos lugares para o chão; ao fim de alguns minutos, o pai, ligeiramente aborrecido, agarrou no filho, segurando-o pelos ombros, e disse-lhe: "Isto não é um campo de jogos, Thomas." Thomas pareceu acatar devidamente a repreensão e

60 | O SUPEREU

voltou a sentar-se. Um pouco mais tarde, o rapazinho mais novo, James, pôs-se de pé no seu lugar a olhar pela janela, saltando a seguir para baixo da mesinha, aberta entre os bancos. "Isto não é um campo de jogos, James! Isto não é um campo de jogos!", gritou-lhe então Thomas, transformado agora ele próprio na voz de uma severa autoridade.

A história é banal e nada tem de muito complicado, pelo que podemos perguntar-nos se não seria possível descrevermos o que se passou dizendo simplesmente que o rapazinho mais velho aprendera com o pai alguma coisa acerca das formas admissíveis de comportamento. Mas se pensarmos um pouco mais, concluiremos que Thomas não está simplesmente a dizer a James o que o pai lhe dissera. Thomas, de certo modo e em versão reduzida, transformou-se no pai. Não está a dizer (embora já tenha idade para falar desse modo um pouco mais complicado): "O pai disse que isto não era um campo de jogos." Em certo sentido, está a *ser* o pai, que repreende o seu rapazinho mal comportado. Trata-se, portanto, de uma "identificação" – e, neste caso, de uma identificação com um aspecto autoritário particular do seu pai. Outra maneira que os psicanalistas teriam de descrever o processo consistiria em falarem de "introjecção". O rapazinho integrou o pai dentro de si e uma parte de si próprio passou a identificar-se com o pai.

INTROJECÇÃO E IDENTIFICAÇÃO | **61**

Evidentemente, Thomas tem apenas 4 anos de idade, e nós supomos (e esperamos) que continuará a saltar dos bancos do comboio e a fazer coisas que o pai lhe diz para não fazer, durante mais alguns anos ainda. Mas, gradualmente, o pai, que lhe diz o que é e não é permitido, irá sendo *introjectado*, e mais tarde a voz que diz: "Isto não é um campo de jogos" dirigir-se-á do interior de si próprio a uma outra parte de si próprio que se sinta impelida a um comportamento indevido. O seu supereu ter-se-á então estabelecido.

Tal é, como já disse, a resposta simples. A criança introjecta a voz dos pais, que se torna a sua autoridade *interna*, o seu supereu. Mas, evidentemente, o processo é *muito* mais complicado que este esquema, uma vez que a imagem que a criança faz dos pais e das suas ordens e proibições será profundamente afectada pelos próprios sentimentos da criança. Uma criança ciumenta e colérica representa os seus pais como portadortes de uma fúria e de uma ferocidade semelhantes; sentindo-se horrível por dentro, a criança verá o mundo inteiro, e especialmente os pais, como horríveis também. *Projecta* os seus sentimentos de maldade nos pais; imagina-os sentirem por ela coisas tão horríveis como as que ela sente por eles. Deste modo, o pai e/ou a mãe que a criança *introjecta* são introjectados como ela os imagina – o que significa com frequência mais coléricos, duros e estritos que na realidade. Para voltarmos ao nosso último exemplo, o pai de Thomas pode ter sido um pouco severo ao impedi-lo de continuar a saltar dos bancos do comboio para o chão. Mas quando Thomas começou a gritar com o seu irmão James foi muito mais que severo; tornara-se furioso, arrogante e assustador. Tratou James com desprezo e com uma cólera muito maior que a usada pelo pai em relação a ele. O quadro é familiar: rapariguinhas que batem nas bonecas com uma violência muito maior que aquela com que elas próprias apanharam; rapazinhos a quem os pais habitualmente se dirigem com delicadeza e que tratam os irmãos com uma atitude de extremo desdém. Estes exemplos reflectem os complicados processos de projecção e de introjecção que se desenrolam ao longo da infância, desde os primeiros tempos de vida. A criança atribui os seus sentimentos, tanto de amor como de ódio, às figuras significativas presentes na sua vida. Quando se sente interiormente boa e cheia de amor pelos pais, então, se não intervierem outros factores, imaginará que os pais lhe consagram um amor semelhante. Concebendo-os, do lado de fora, como figuras de amor presentes no mundo real, formará também uma imagem de amor a seu respeito, do lado de dentro, no interior de si própria, e identificar-se-á com essa imagem dos pais. Mas, no caso oposto, as coisas funcionam também de modo semelhante: quando a criança se sente cheia de ódio, ciúme e ressentimento, imagina que os pais a odeiam. Embora não possamos saber que processos se desenvolviam no interior de Thomas, podemos adivinhar que se sentia ao mesmo tempo traído e furioso devido à rispidez com que o pai o tratara; esta iamgem do pai adquiriu depois a coloração dos seus próprios sentimentos de furor, e era com esse pai doravante portador de um furor enorme que Thomas se identificava, era esse pai que Thomas estava a "ser" ao gritar com James.

O supereu: herdeiro do complexo de Édipo

De facto, Freud pensava que o supereu se instaura por volta da idade de Thomas – entre os 3 e os 5 anos, e associou a sua instauração às relações emocionais ricas e complexas que existem no interior de cada família e a esse acontecimento central do desenvolvimento emocional que é o complexo de Édipo. Para compreendermos o que é o complexo de Édipo e de que modo a sua resolução leva à instauração do supereu, torna-se necessário termos presentes certos outros aspectos da teoria freudiana da sexualidade infantil.

Nos seus *Três Ensaios sobre a Teoria da Sexualidade* (cuja primeira publicação teve lugar em 1905, mas que foram objecto de revisões sucessivas nas edições posteriores), Freud confrontou os seus leitores com o que representava ao tempo uma ideia chocante: a ideia de que a sexualidade não começa subitamente com a puberdade, mas tem os seus primórdios nas relações mais precoces, tanto de ordem física como afectiva, da existência infantil. Deste modo, Freud aprofundou e alargou a nossa concepção da sexualidade, integrando no seu novo e mais aberto modo de a ver as sensações corporais mais precoces, bem como as mais precoces relações de amor, da vida do bebé e da criança pequena. Freud sabia que tais ideias perturbariam os seus leitores, e foi o que realmente aconteceu. Freud observava, por exemplo, que quando um bebé procura o seio da mãe, não está em busca apenas de alimento mas também de prazer, de um prazer que tem lugar através da sua boca. A boca da criança, que chupa e morde e toma o mamilo da mãe, é um órgão de prazer – e é por isso que Freud a define como a sua primeira "zona erógena". E enquanto chupa e lambe ou, mais tarde, trinca e morde o seio, a criança está a manter uma relação com a mãe que, pelo seu lado, responde do modo que lhe é próprio a essas actividades. Prazer e dor, excitação e gratificação: não é difícil compreendermos por que razão Freud pensou que essas actividades eram fundamentalmente sexuais – embora não sejam, evidentemente, genitais, ou sexuais no sentido adulto do termo. E também não é difícil compreendermos por que razão as pessoas acharam uma tal ideia incómoda, e até mesmo repugnante: confronta-nos na realidade com o facto de o bebé que o seio alimenta estar a fazer a experiência de uma variedade de prazer a que podemos em termos muito genéricos chamar "sexual", e que envolve certas zonas particulares, excitáveis e variáveis do seu corpo. Mas se compreendermos estar perante uma forma, infantil embora, de actividade sexual, talvez se torne mais fácil para nós compreendermos também que essa actividade contém as primeiras sementes do que virá a ser um dia a sexualidade adulta.

Portanto, durante esta "fase oral" precoce do desenvolvimento, a boca da criança é particularmente sensível e excitável, e ela rapidamente começa a associar o prazer que extrai da sucção do seio com a mãe que o amamenta. Mais tarde, segundo Freud, na altura em que começa a aprender as primeiras regras da higiene, a sensibilidade especial da criança desloca-se para os seus recto e ânus e para as suas bexiga e uretra, e grande parte das suas trocas afectivamente densas com a mãe passam a girar em torno das actividades excretórias de urinar e defecar, do momento e do local onde ocorrem e daquilo que a criança e a mãe sentem a esse respeito.

Mas há uma certa fase da infância em que a criança – com 3 ou 4 anos de idade, segundo Freud – começa a ter sensações nos seus órgãos genitais: trata-se, com efeito, do período em que os rapazinhos e as rapariguinhas começam a querer tocar e explorar os órgãos em causa, muitas vezes para grande embaraço e desgosto dos pais. E, uma vez que a mãe e o pai da criança são os objectos dos seus sentimentos emocionais mais intensos, os pais tornam-se também os objectos dos desejos sexuais infantis.

Exemplo: um rapazinho com 5 anos de idade enfiou-se na cama ao lado da mãe, fez com que as cabeças de ambos ficassem perfeitamente alinhadas e, depois, indicando com um movimento do corpo uma região não especificada, e tapada pelos cobertores, um pouco abaixo do peito, disse à mãe: "Vamos fazer de conta que há mais um bocado de mim daqui para baixo." Como é óbvio, *conscientemente* o rapazinho referia-se à sua altura; podia pôr a cabeça ao lado da da mãe – como muitas vezes vira que acontecia com a do pai, quando estava deitado na cama ao lado da mãe –, mas, ao contrário do que acontecia com os pés do pai, os *seus* pés ficavam algures, um pouco abaixo da cintura da mãe. Por outro lado, a sua mobilidade excitada mostrava que, inconscientemente, o rapazinho queria dizer qualquer coisa mais: estava a fazer de conta que tinha um tanto mais de corpo – que tinha órgãos genitais grandes e fortes como o pai, o que implicaria a possibilidade de assumir orgulhosamente o lugar do pai, junto à mãe, na cama grande.

... O complexo de Édipo, íamos nós dizendo. O rapazinho (e as coisas funcionam de modo muito semelhante para a rapariguinha, no pólo oposto) quer ocupar o lugar do pai junto da mãe. Por outro lado, também ama o pai e não quer realmente ver-se livre dele. Sente-se orgulhoso pelo facto de o pai ser grande e forte, e sente-se mal, ao mesmo tempo que triunfante, quando começa a ser capaz de fazer as coisas melhor que o pai. E, ao mesmo tempo, tem medo daquilo que o pai lhe faria caso tentasse deveras ocupar o seu lugar…

O mesmo rapazinho a que acabamos de nos referir repetia por vezes as palavras grosseiras que ouvia o pai dizer. Já o teria ouvido chamar "Filho da mãe" a outra criança, ou talvez até mesmo a um adulto desagradável; pensava obviamente que era masculino, ou sinal de se ser adulto e forte, utilizar esse tipo de palavras. O pai, contudo, não gostava que o seu rapazinho se servisse desse vocabulário, e proibira-o muito asperamente de a ele recorrer. "Mas tu também dizes", queixara-se o rapazinho. "E tu também hás-de poder dizer, se quiseres, quando fores mais velho", dissera-lhe o pai. "Os crescidos são autorizados a fazer certas coisas que as crianças não são autorizadas a fazer."

O que este exemplo nos revela é a existência de um montante elevado de sentimentos entre as três pessoas em causa: uma mãe e um pai como os outros, um filho também como os outros. Contam-se entre esses sentimentos o amor, a admiração e o desejo, do mesmo modo que o ciúme e a rivalidade. Freud reconheceu que esta configuração de sentimentos era não apenas normal, mas também ubíqua. Chamou-lhe "complexo de Édipo", inspirando-se no herói de Sófocles que matara o pai, casara com a mãe e, em seguida, ao compreender o que fizera, se cegara a si próprio.

O complexo de Édipo refere-se à crise que ocorre na vida de cada criança que começa a compreender que não pode, e nunca poderá, possuir por completo o seu progenitor do sexo oposto: quando os rapazinhos têm de enfrentar o facto de que não podem casar com a mãe, e quando as rapariguinhas têm de enfrentar o facto de que nunca casarão com o pai. O desejo que o rapaz tem de possuir a mãe, por exemplo, fá-lo entrar em conflito com o pai; quer separar a mãe do pai e tem medo que o pai se enfureça e o castigue – ou até o castre – se vier a tomar conhecimento da rivalidade que informa os seus desejos. Associa a evidente desaprovação por parte do pai da sua excitação sexual com os seus próprios sentimentos de ciúme e de competição secretos em relação ao pai.

É claro que, ao descrevermos este processo, temos de usar termos que nenhuma criança, na altura em que é protagonista de tal combate, poderia usar sequer no que lhe diz respeito. Não há criança que seja capaz de descrever com palavras o seu complexo de Édipo; e, todavia, os combates edipianos geram sentimentos poderosos e profundamente carregados em todas as crianças, sentimentos tão profundamente carregados que se torna forçoso recalcá-los. Para os recalcar, a criança renuncia ao progenitor desejado enquanto objecto de amor, mas para poder levar a cabo semelhante renúncia tem necessidade de fazer qualquer coisa mais. Os impulsos edipianos geradores de conflito acabam por ser geridos mediante uma interiorização maciça das imposições e proibições parentais. Estas imposições interiorizadas impedem a própria contemplação dos impulsos edipianos: estes são objecto de um recalcamento permanente. E assim o supereu – instância que representa a evolução das imposições e proibições interiorizadas – transforma-se em "herdeiro do complexo de Édipo". De então em diante, a criança transportará consigo a sua própria voz crítica, a sua própria instância censória, o seu próprio supereu. As qualidades particulares da relação de qualquer criança individualmente considerada com o seu supereu dependerão do modo como ela enfrentou os laços emocionais intensos e complexos que a ligaram aos pais durante os primeiros tempos de vida e a infância, e particularmente do modo como decorreram os acontecimentos decisivos do período edipiano.

Desenvolvimentos psicanalíticos recentes

Embora todos os psicanalistas estejam de acordo quanto à importância central do complexo de Édipo no processo do desenvolvimento psicológico, e quanto ao papel significativo que esse complexo desempenha na formação do supereu, alguns de entre eles datam as suas primeiras fases de uma época muito mais precoce que aquela a que Freud se referia. Em particular, Melanie Klein, cuja obra se elaborou e afirmou a partir das investigações de Freud, detectou provas da existência de formas precoces de supereu e de complexo de Édipo nas crianças muito jovens que analisou, e mais tarde acabou por pressentir a existência de um supereu primitivo e de experiências "edipianas" igualmente primitivas desde os primeiros tempos de vida do bebé. O seu trabalho levou-a à conclusão de que os bebés, desde muito cedo, experimentam sentimentos poderosos, tornando-se com frequência extremamente ansiosos em resultado das fantasias de raiva e agressão a que inevitavelmente se entregam de tempos a tempos no que se refere aos pais. Um bebé que se sente furioso por ser deixado entregue a si próprio enquanto a mãe e o pai conversam, ou riem ou se acariciam, poderá imaginar que os seus violentos gritos de choro exercem uma real violência sobre os pais; bem vistas as coisas, são esses gritos a única arma de que pode dispor. Pode sentir ansiosamente que *realmente* atacou os pais, e imaginá-los feridos ou até mesmo transformados em atacantes vingativos que ripostam. Mais tarde, à medida que o seu sentimento de si própria e o seu amor pelos pais se tornam mais fortes, a criança sentirá os primórdios da culpabilidade e da tristeza na sequência dos ataques a que inevitavelmente sujeitou uma e outra vez os seus progenitores. Tais sentimentos de ansiedade persecutória, e mais tarde de culpa, foram interpretados por Melanie Klein como os rudimentos do supereu infantil. Melanie Klein intuiu que, quando o bebé começa a compreender que a mãe e o pai que ama são também a mãe e o pai que por vezes odeia – porque o frustram, porque estão os dois juntos sem ele, porque se afastam dele –, começa igualmente a sentir tristeza e culpa pelos ataques que contra eles empreendeu. Descreveu este estado de espírito do bebé – e mais tarde do adulto – servindo-se do termo "posição depressiva", estando esta, em seu entender, ligada à elaboração do complexo de Édipo e à formação de um supereu saudável e em bom funcionamento.

Conclusão

Ter um supereu faz parte inevitável e necessariamente da experiência humana; todos nós vivemos acompanhados por um juiz interno. O nosso supereu pode ser cruel e persecutório, ou, pelo contrário, indulgente e benigno. Podemos fazer a experiência dele dentro de nós próprios ou projectá-lo noutras pessoas, ou ainda endereçar a outras pessoas, em vez de a nós próprios, os seus juízos severos. A relação de cada indivíduo com o seu supereu desenvolve-se a partir das suas relações – no plano da fantasia e no da realidade – com os pais e outras figuras significativas da sua existência, e reflecte-as. Do mesmo modo, a relação de cada um de nós com o seu supereu influenciará também as suas novas relações com outras pessoas ao longo da existência, bem como os sentimentos que alimenta e a imagem que forma acerca de si próprio.

Notas

[1] S. Freud, *The Ego and the Id* (1923), in *Standard Edition of the Complete Psychological Works of Sigmund Freud* (cit. daqui em diante: *SE*), vol. 19, trad. inglesa de James Strachey, Londres, Hogarth Press, 1953-1973, pp. 1-6.

[2] S. Freud, "Civilisation and its Discontents" (1930), in *SE*, vol. 21, pp. 61, 71.

[3] S. Freud, "Humour" (1927), in *SE*, vol. 21. Ver também S. Freud, "Analysis of a Phobia in a Five-Year Old Boy", in *SE*, vol. 10.

[4] Melanie Klein pensa que todo o nosso comportamento é acompanhado, moldado e organizado por fantasias inconscientes. Em inglês, a palavra "*phantasy*", com "ph", difere do termo "*fantasy*", que designa um devaneio ou sonho desperto consciente [É de notar que encontramos em autores psicanalíticos de língua francesa uma contraposição análoga – até mesmo do ponto vista gráfico – entre *phantasme* (fantasma ou fantasia inconsciente, *phantasy*) e *fantasme* (fantasma, *fantasy*) – *N. do T.*]. Segundo a teoria kleiniana, "as fantasias são a vida do inconsciente. São fantasias primitivas e em certos casos permanentes que o eu tem acerca de si próprio e relativamente aos seus objectos internos, e tornam-se a base da estrutura da personalidade" (R. Riesenberg--Malcolm, *On Bearing Unbearable States of Mind*, introd. de P. Roth (ed.), Londres, Routledge, 1999, pp. 2-3). Ver M. Klein, *The Psychonalysis of Children* (1932), Londres, Karnac Books,

1998; *Contributions to Psychoanalysis* 1921-1945, Londres, Hogarth Press, 1965.

[5] F. Kaplan, *Dickens*, John Curtis (ed.), Londres, Hodder and Stoughton, 1988, p. 534.

[6] E. Yates, carta citada *in* F. Kaplan, *op. cit.*, p. 534.

[7] F. Kaplan, *op. cit.*, p. 538.

[8] *Ibid.*, p. 538.

[9] H. Deutsch, *Neuroses and Character Types, Clinical Psychoanalytical Studies*, Nova Iorque, International Universities Press, 1965, p. 205.

[10] S. Freud, "Some character types met with in psychoanalytic work, part III: Criminals from a sense of guilt", in *SE*, vol. 14, pp. 332-333.

[11] K. Abraham, "Notes on the psychoanalytic investigation and treatment of manic-depressive insanity" (1912), in *Selected Papers of Karl Abraham*, Londres, Karnac Books, 1988. Ver também: S. Freud, "Mourning and Melancholia" (1917), in *SE*, vol. 14, pp. 237-258.

[12] Um "objecto" é alguém ou alguma coisa que mobiliza os nossos sentimentos e investem intensamente. O "objecto" é com frequência uma pessoa: a mãe, o marido ou o/a melhor amigo/a são "objectos" nossos no sentido em que os nossos sentimentos em relação a eles muitas vezes ditam o modo como nos sentimos em relação a nós próprios. Por vezes, uma instituição (a Inglaterra, por exemplo, ou o *Manchester United Football Club*) pode ser um dos nossos objectos; assim, por exemplo, poderei sentir-me horrivelmente mal quando o meu clube perde um desafio importante. E também, por vezes, uma ideia pode como que transformar-se em objecto, o que tem por efeito que seja quem for que a

ataque seja sentido por nós como um perigoso inimigo. O termo "perda de objecto" pode referir-se à morte de uma pessoa amada, mas pode referir-se também à impressão de termos perdido os nossos sentimentos de amor pelo objecto, à impressão de que o objecto perdeu a posição particular dentro que ocupava de nós.

[13] S. T. Coleridge, "Dejection: An Ode", *in* Frank Kermode e John Hollander (eds.), *The Oxford Anthology of English Literature*, Nova Iorque, Oxford University Press, vol. II, 1973, pp. 276-277.

[14] S. Freud, 1917, *op. cit.*, p. 249.

[15] Muitas das últimas concepções teóricas de Freud têm directamente origem nesta ideia de um processo de internalização ("identificação" ou "introjecção"). Em 1921, utilizou a ideia de "identificação" como base de uma revisão da teoria dos grupos sociais. A solidariedade nos grupos, a substância que "cola" as pessoas umas às outras, é uma identificação partilhada. Todos os membros do grupo introjectam a mesma pessoa (ou ideia) como parte central de si próprias (dos seus eus). Os cristãos, por exemplo, unem-se por meio da sua crença fundamental em Cristo, que cada um deles "transporta" no seu coração (ver R. D. Hinshelwood, *Clinical Klein*, Londres, Free Association Books, 1994, p. 20).

[16] S. Freud, 1917, *op. cit.*, p. 249.

Índice

Introdução	5
O lugar do supereu na teoria psicanalítica	11
Para que serve o supereu se só nos faz sentir mal?	17
Onde descobrir o supereu	25
O implacável supereu interior	37
O conceito psicanalítico de supereu	43
Introjecção e identificação: o modo de formação do supereu	47
O supereu: herdeiro do complexo de Édipo	65
Desenvolvimentos psicanalíticos recentes	73
Conclusão	75
Notas	77